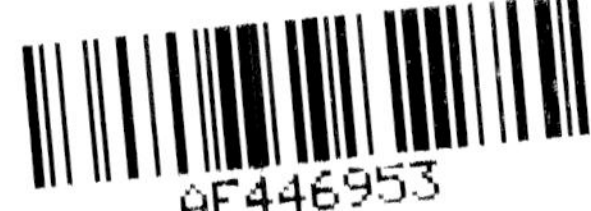

PAYSAGES RURAUX
LIVRE DE COLORIAGE

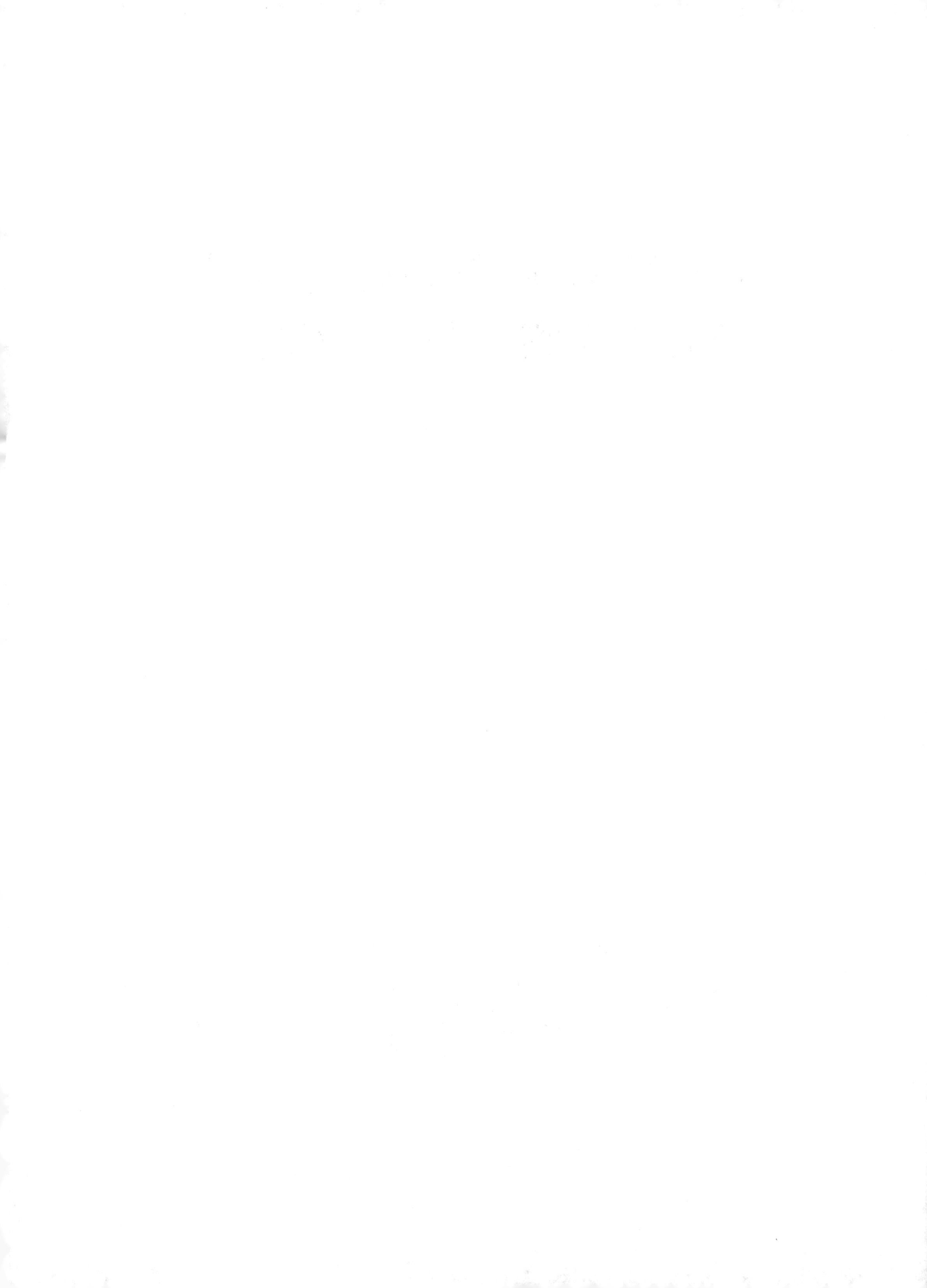

CE LIVRE APPARTIENT À

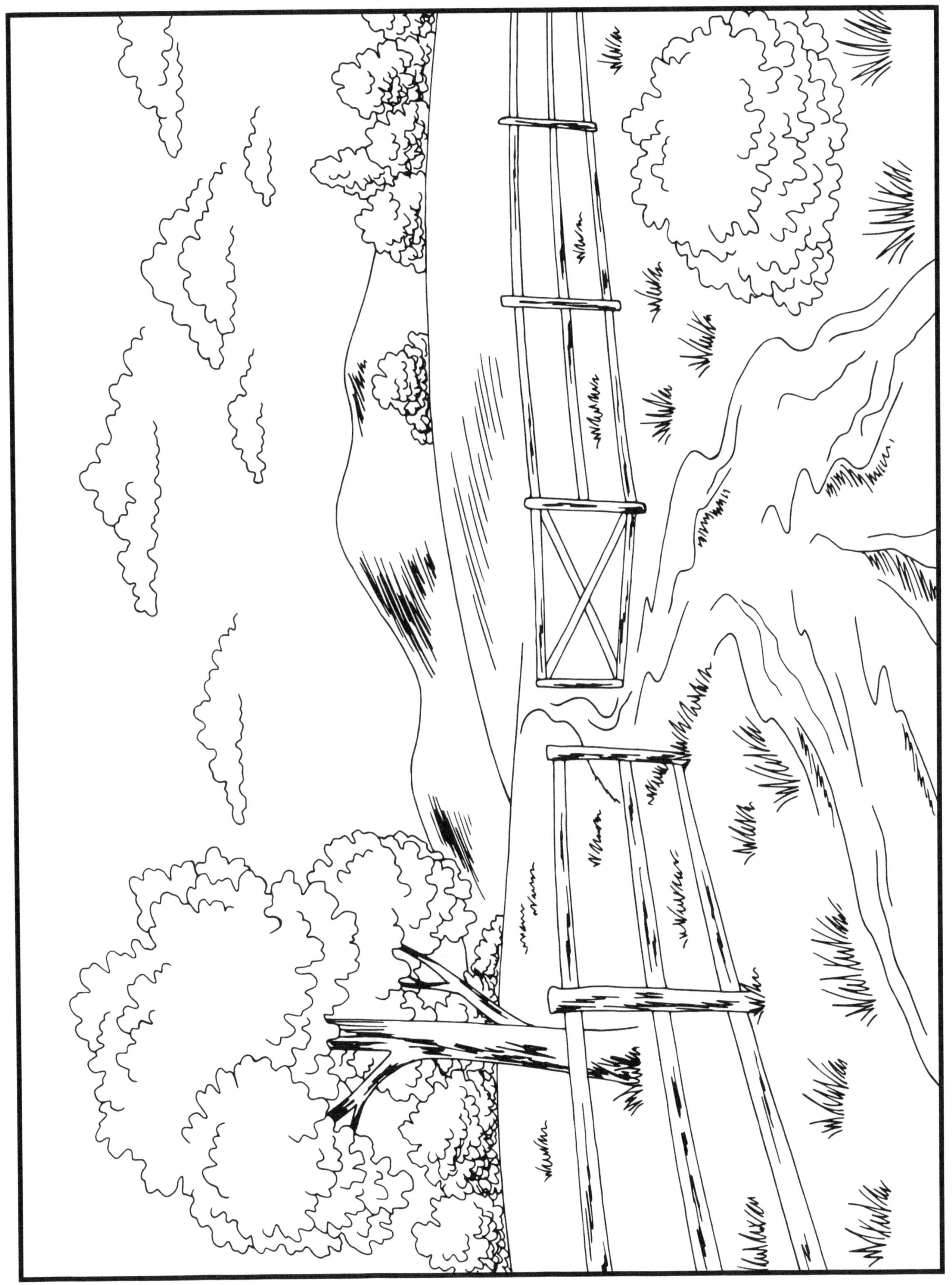

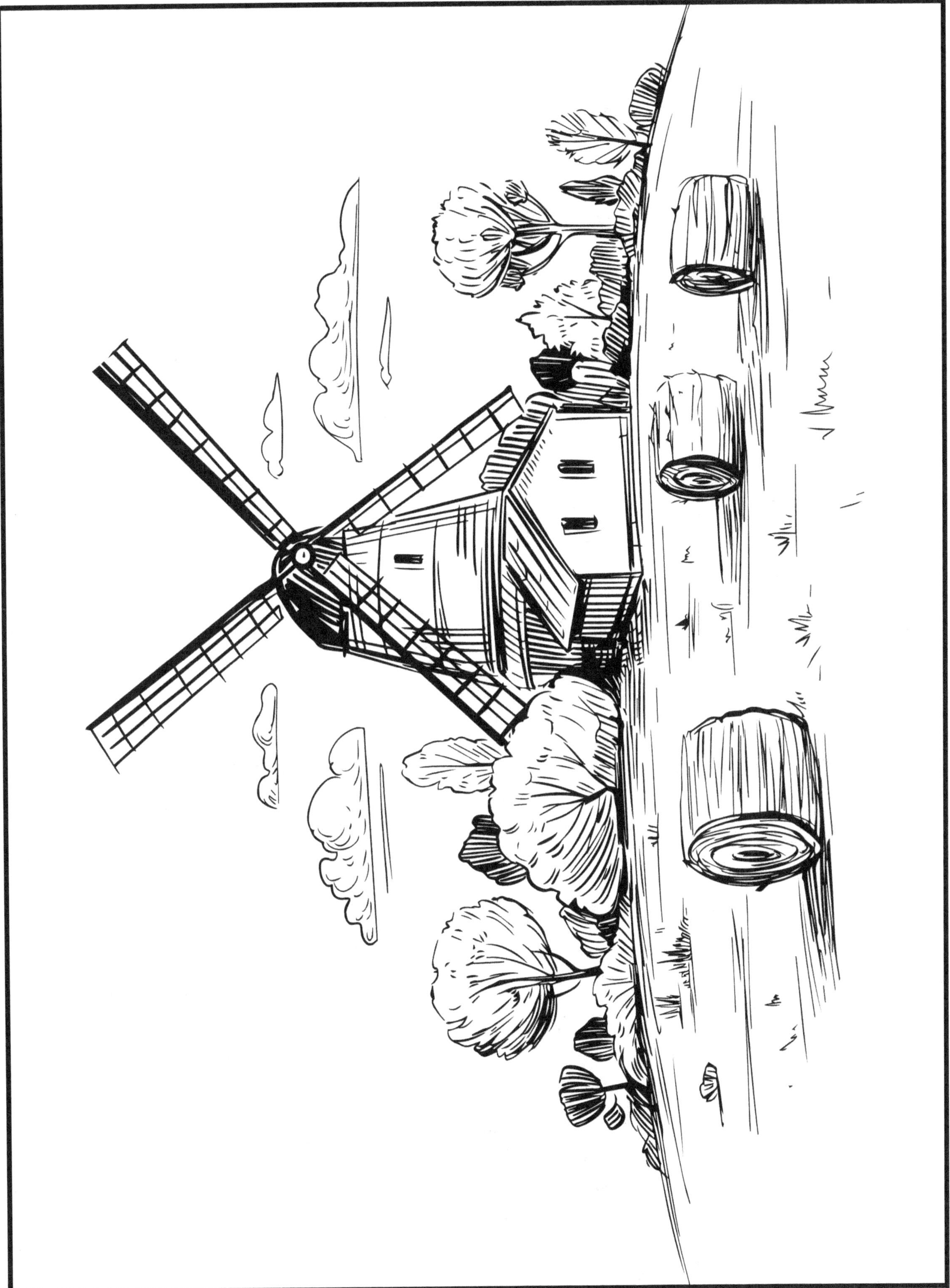

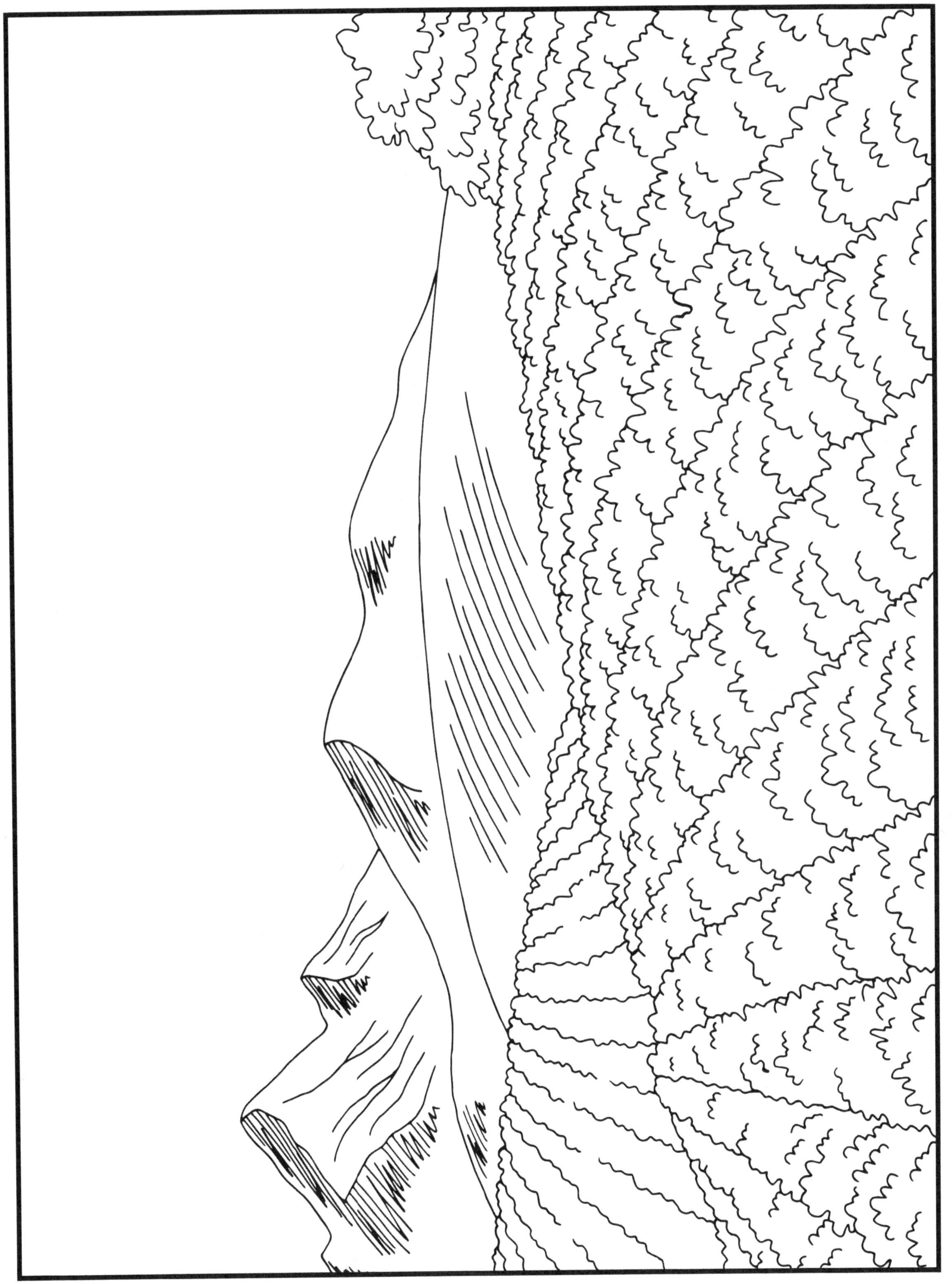

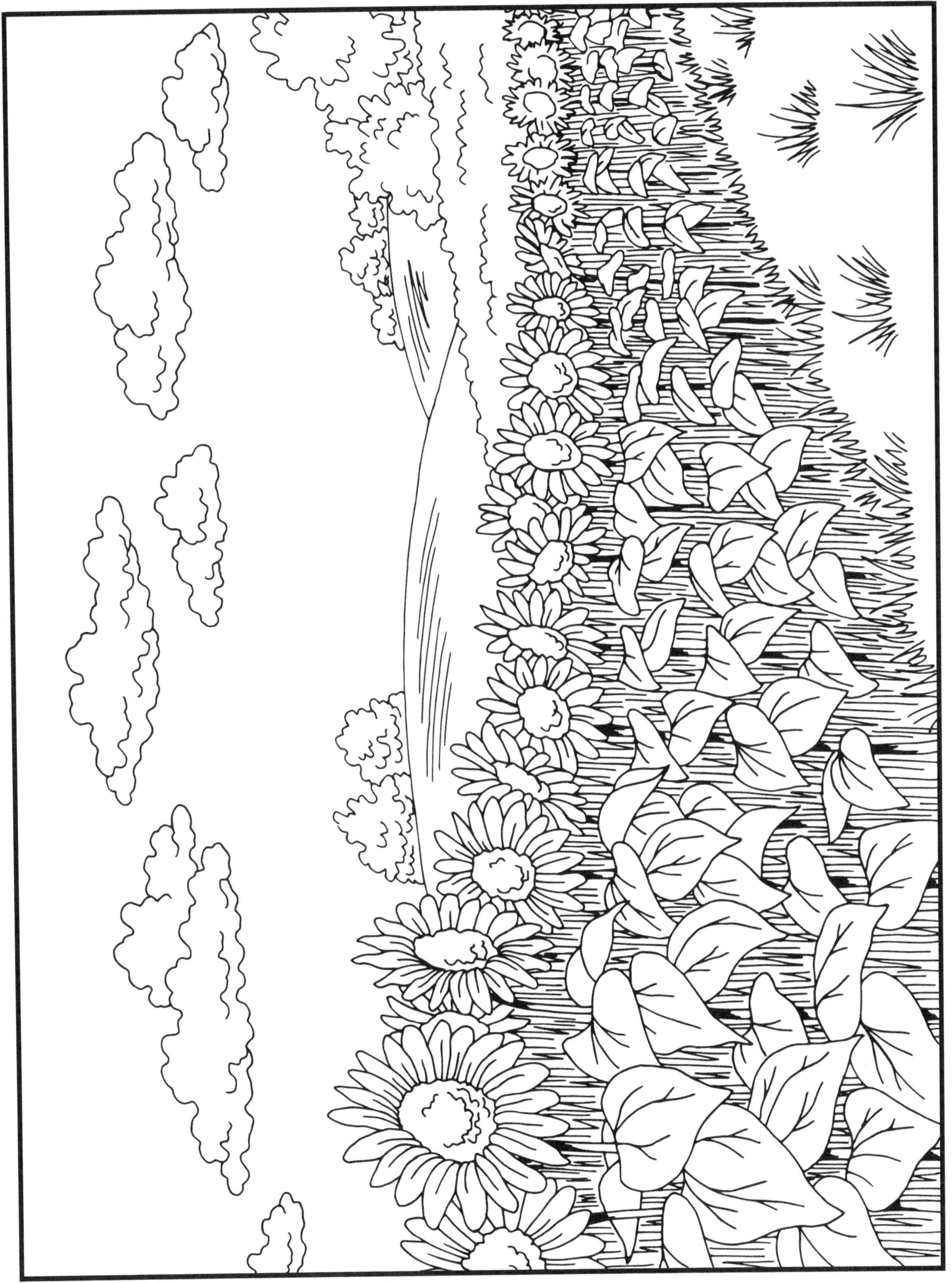

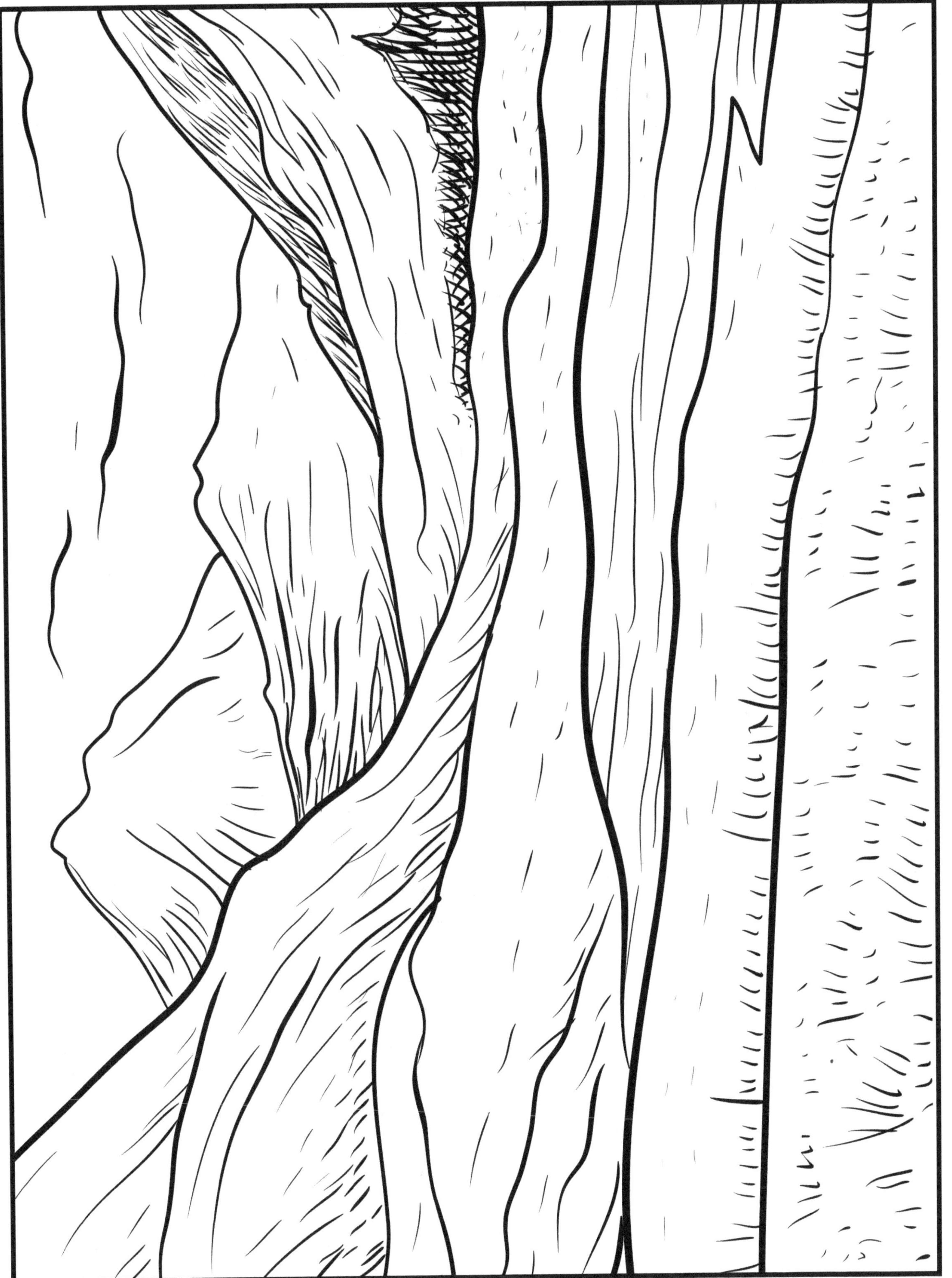

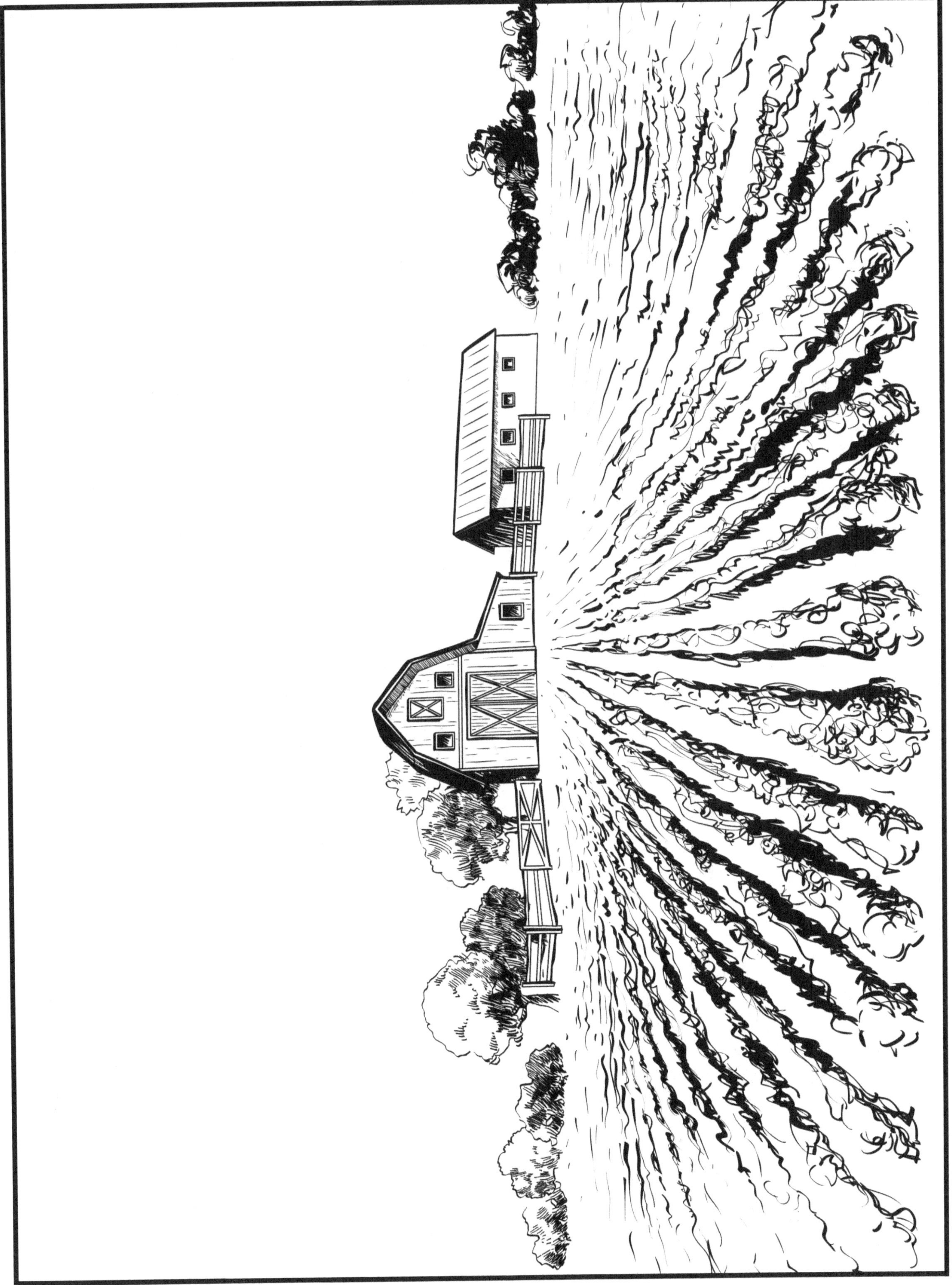

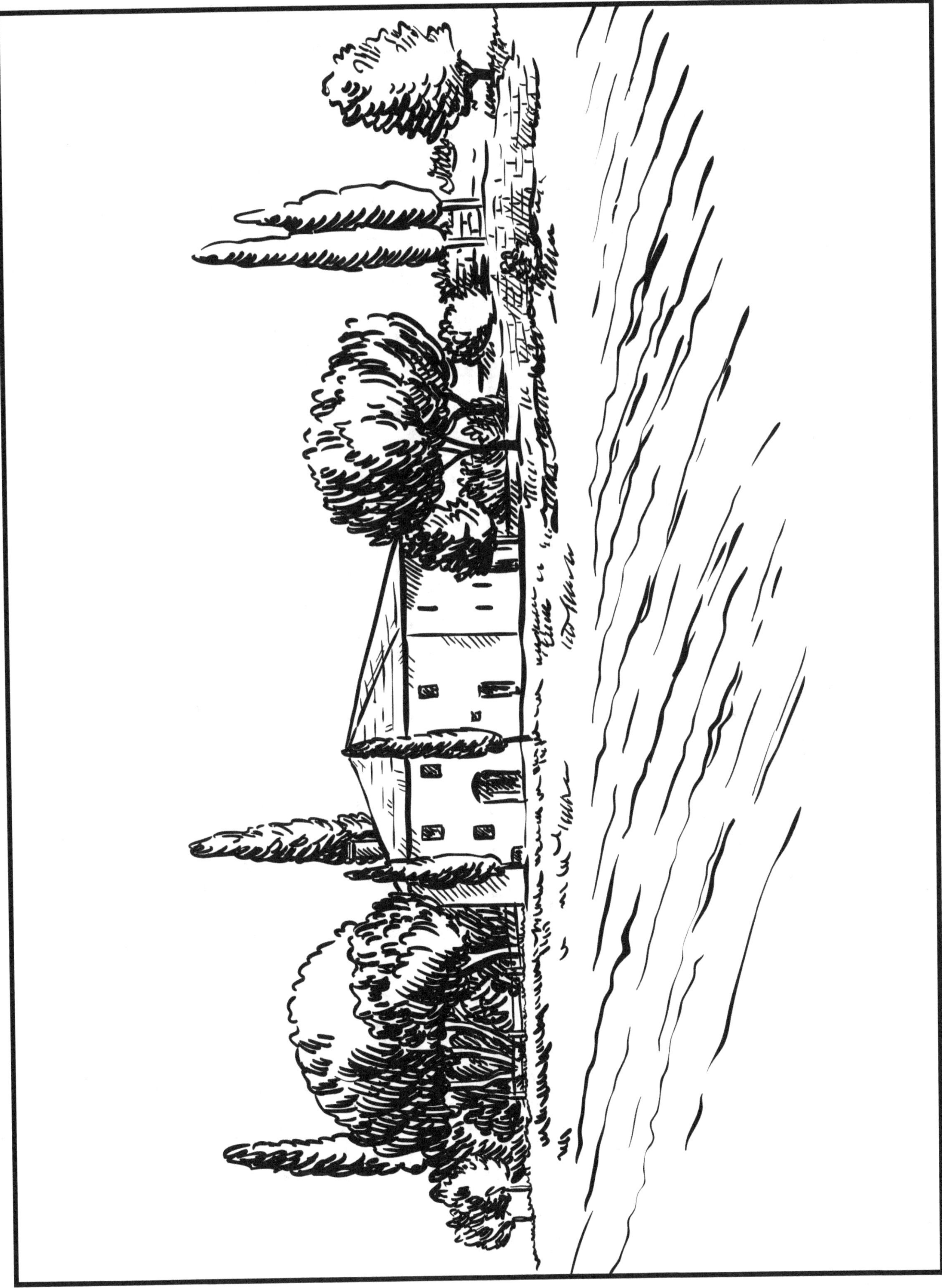

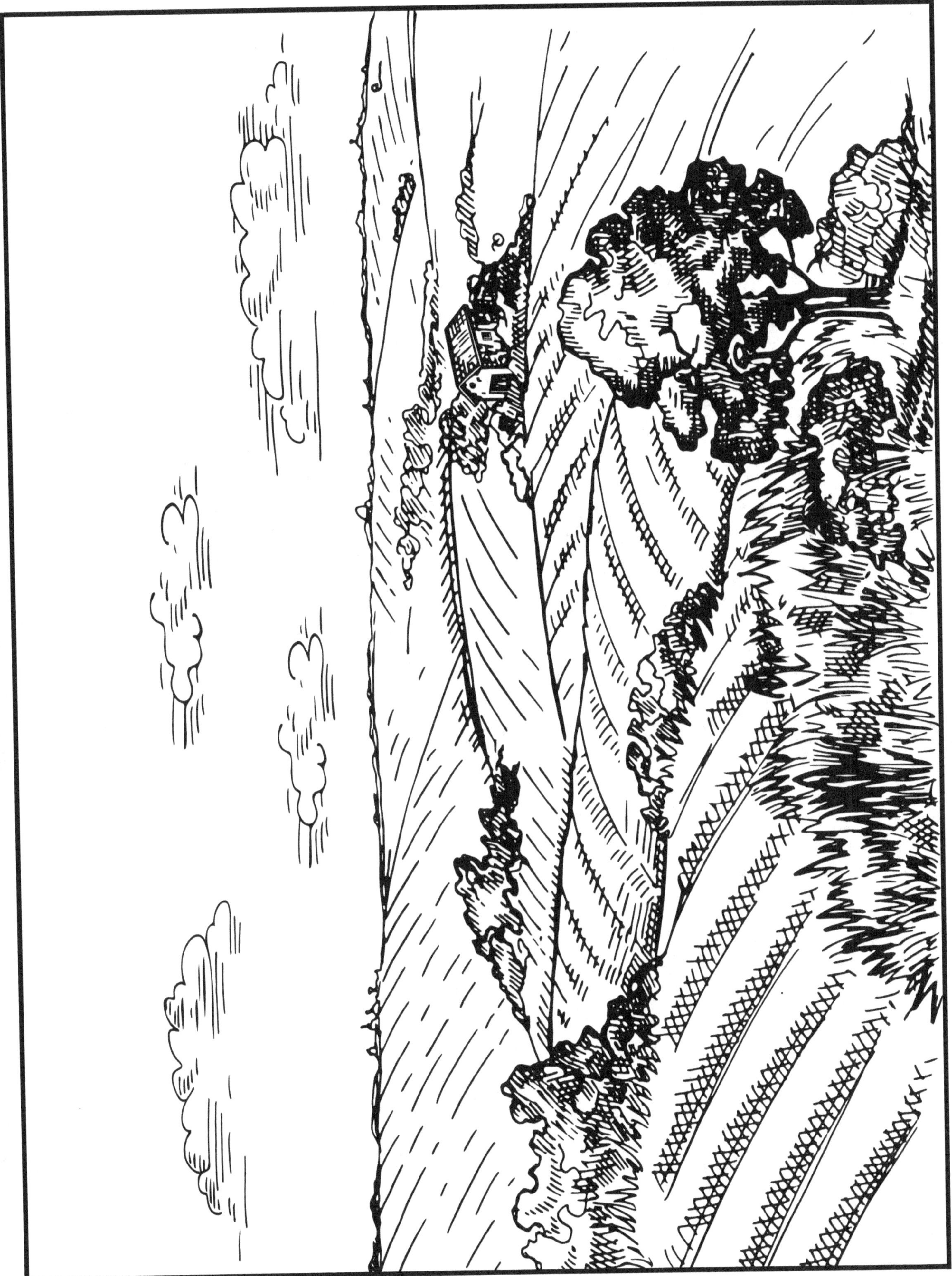

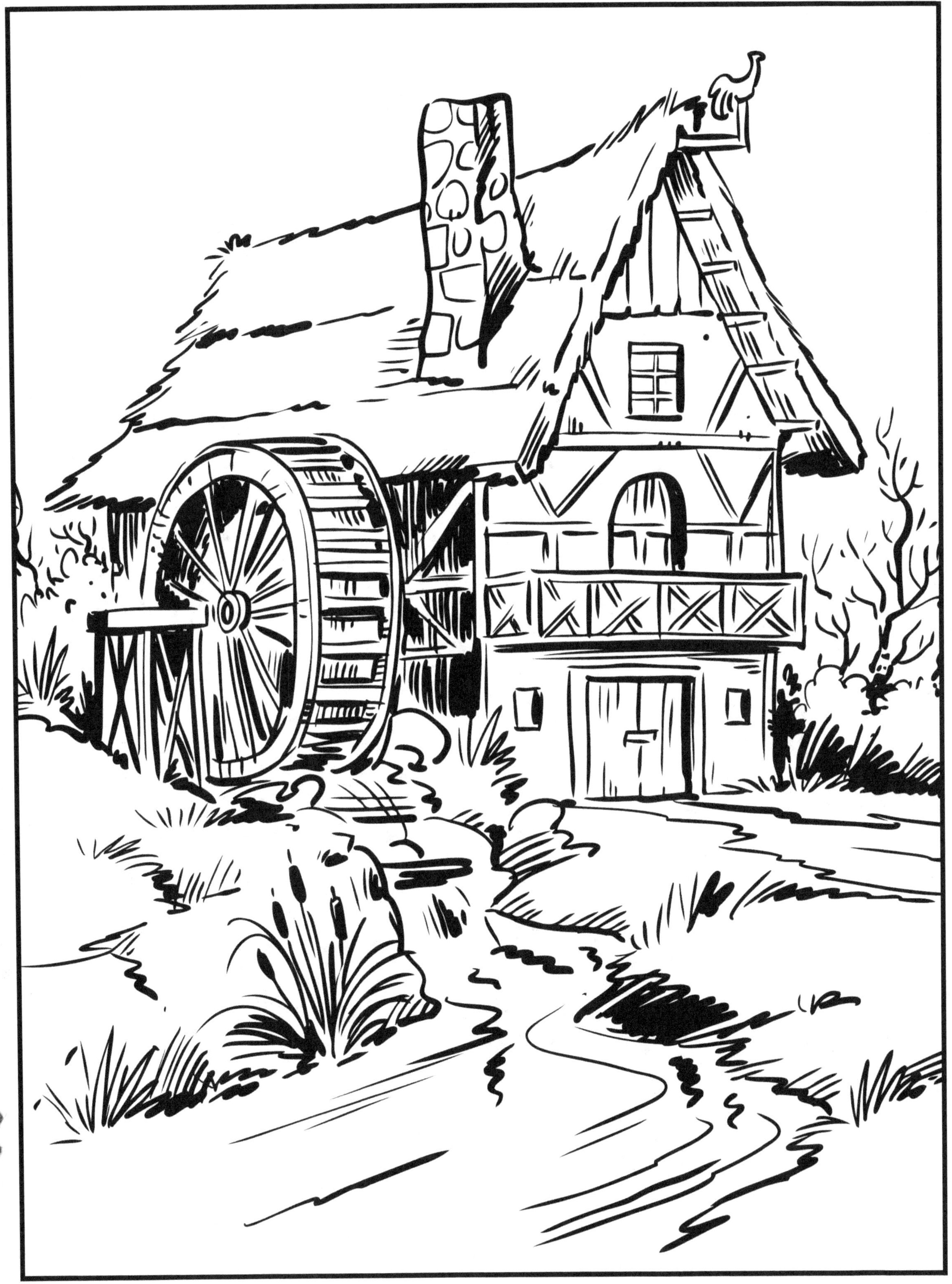

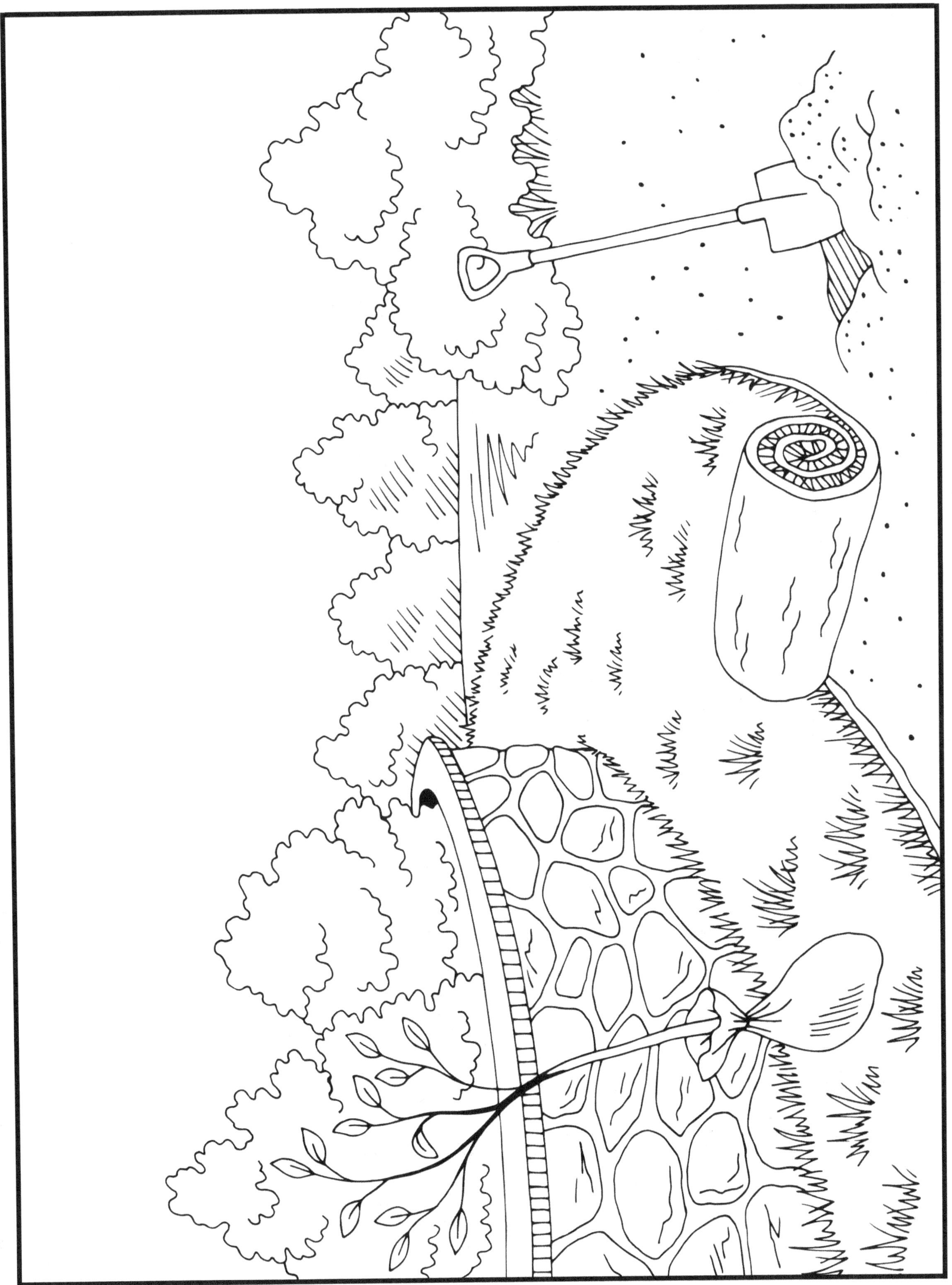

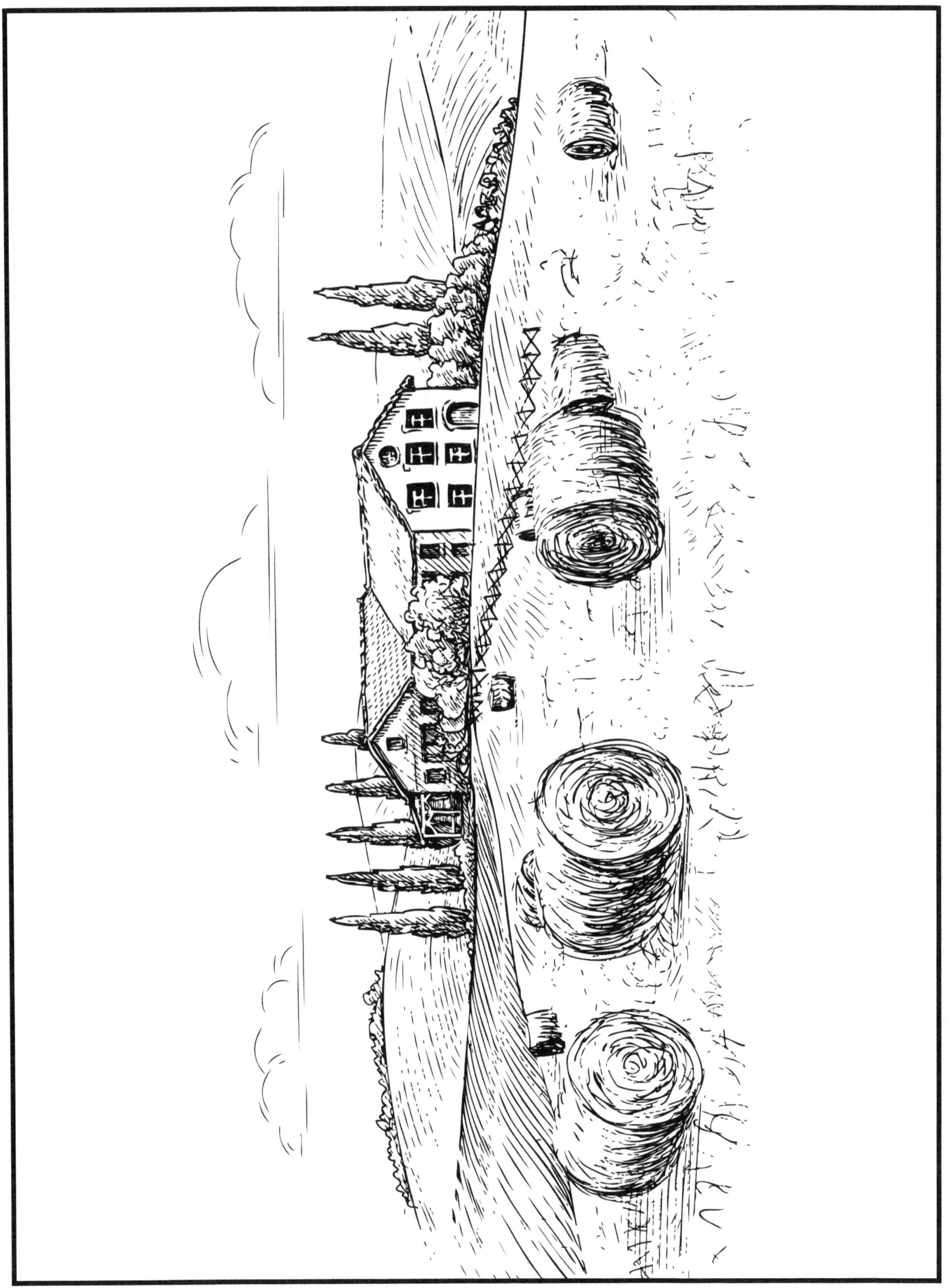

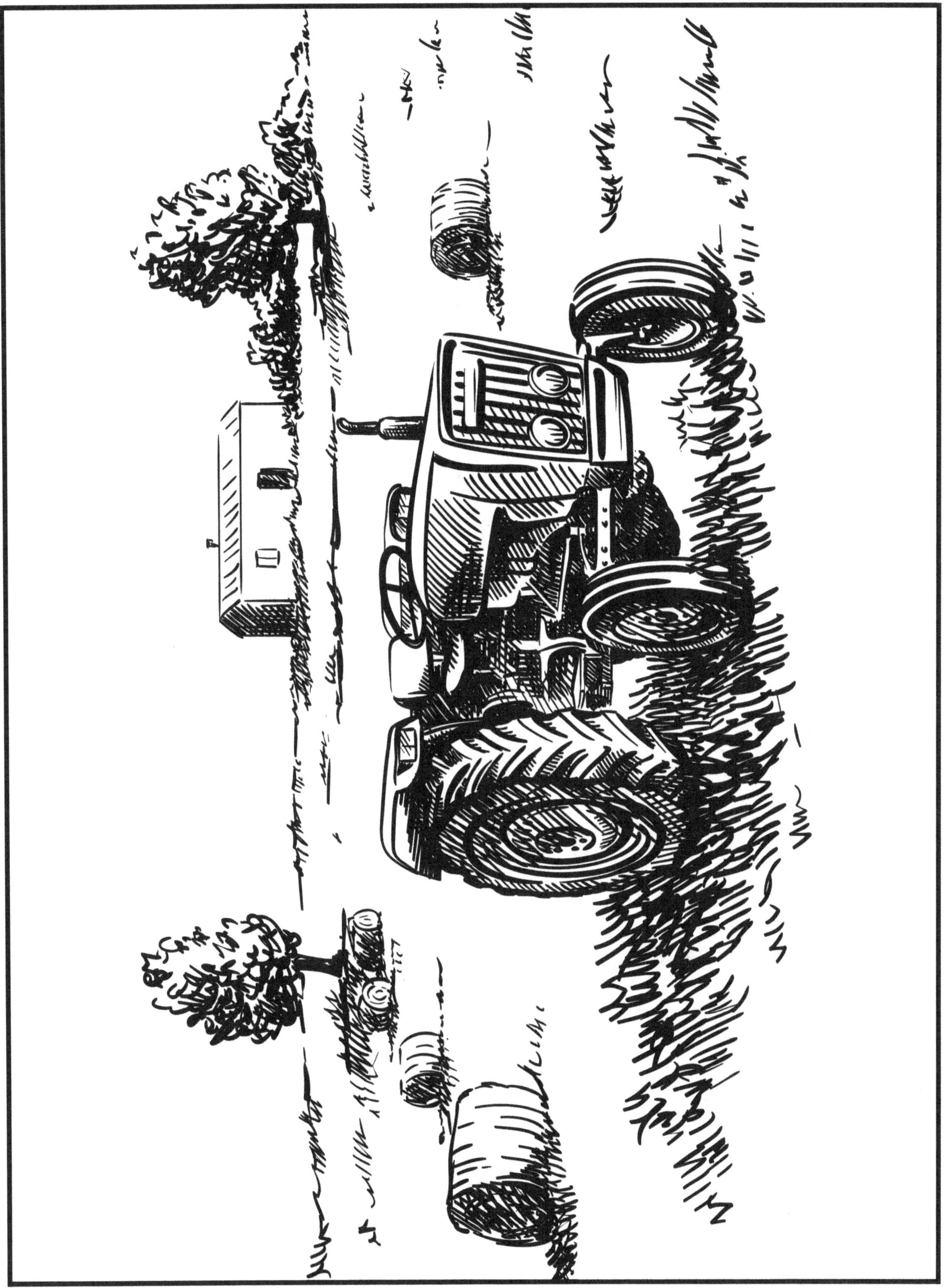

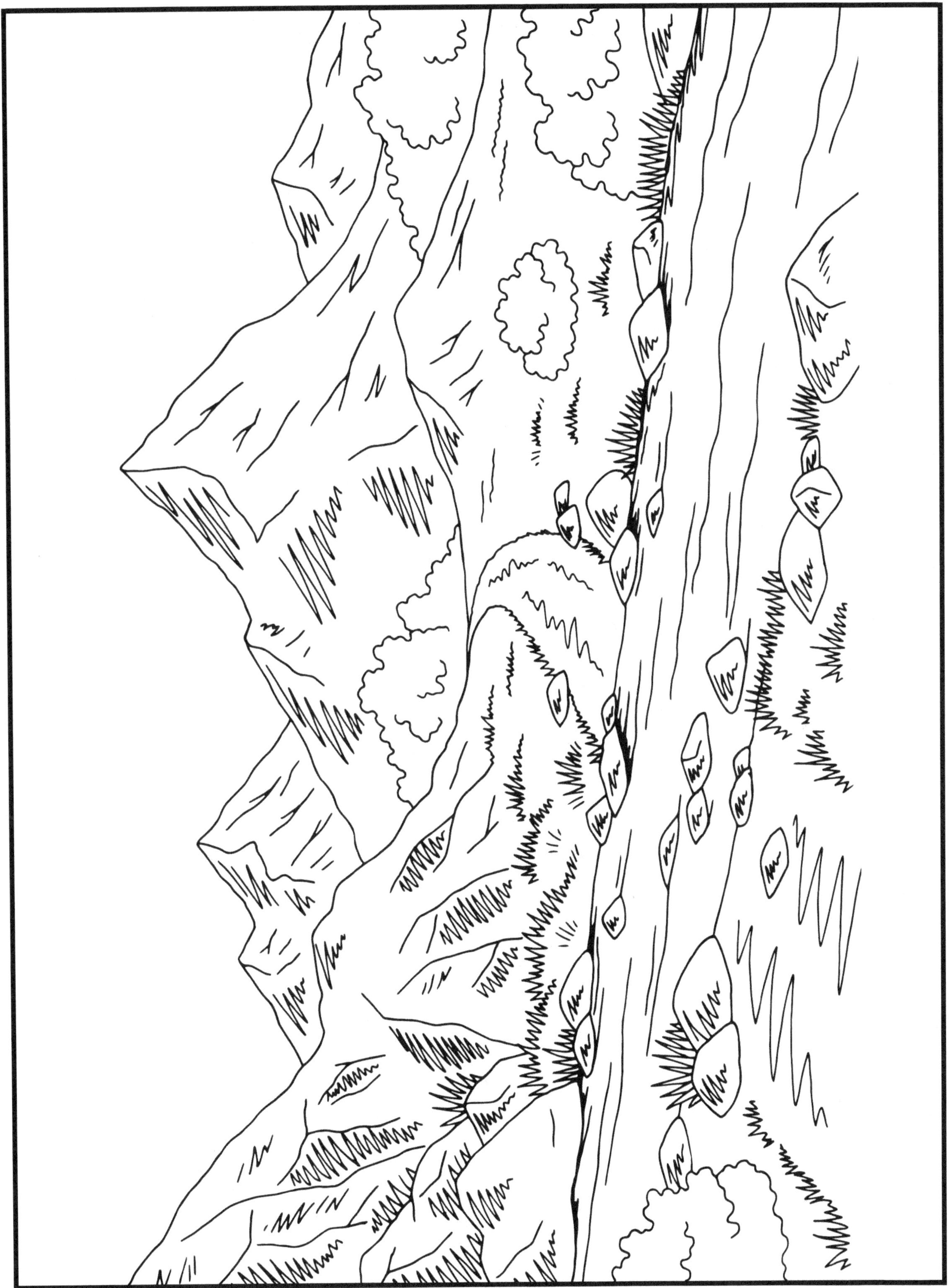

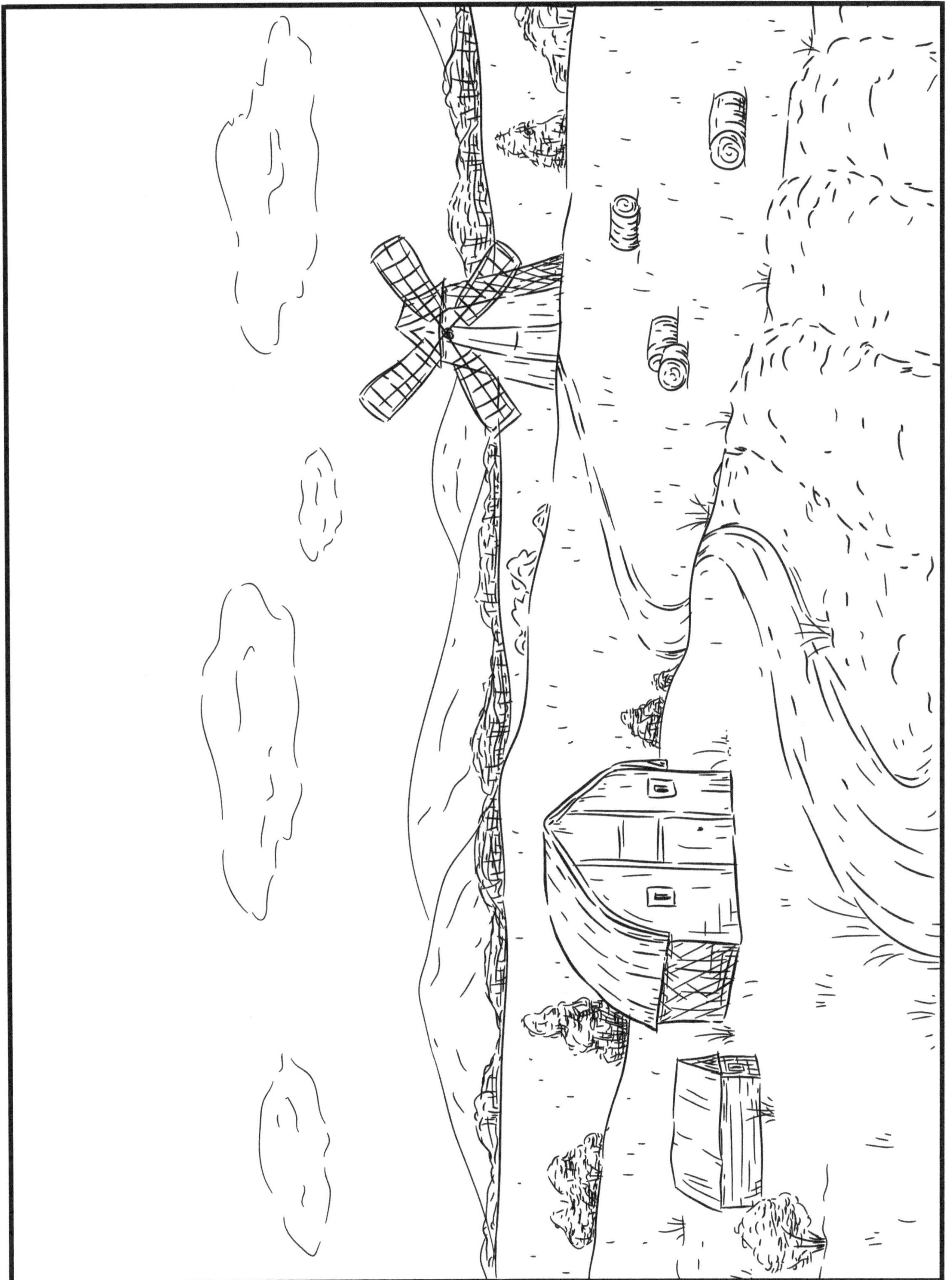

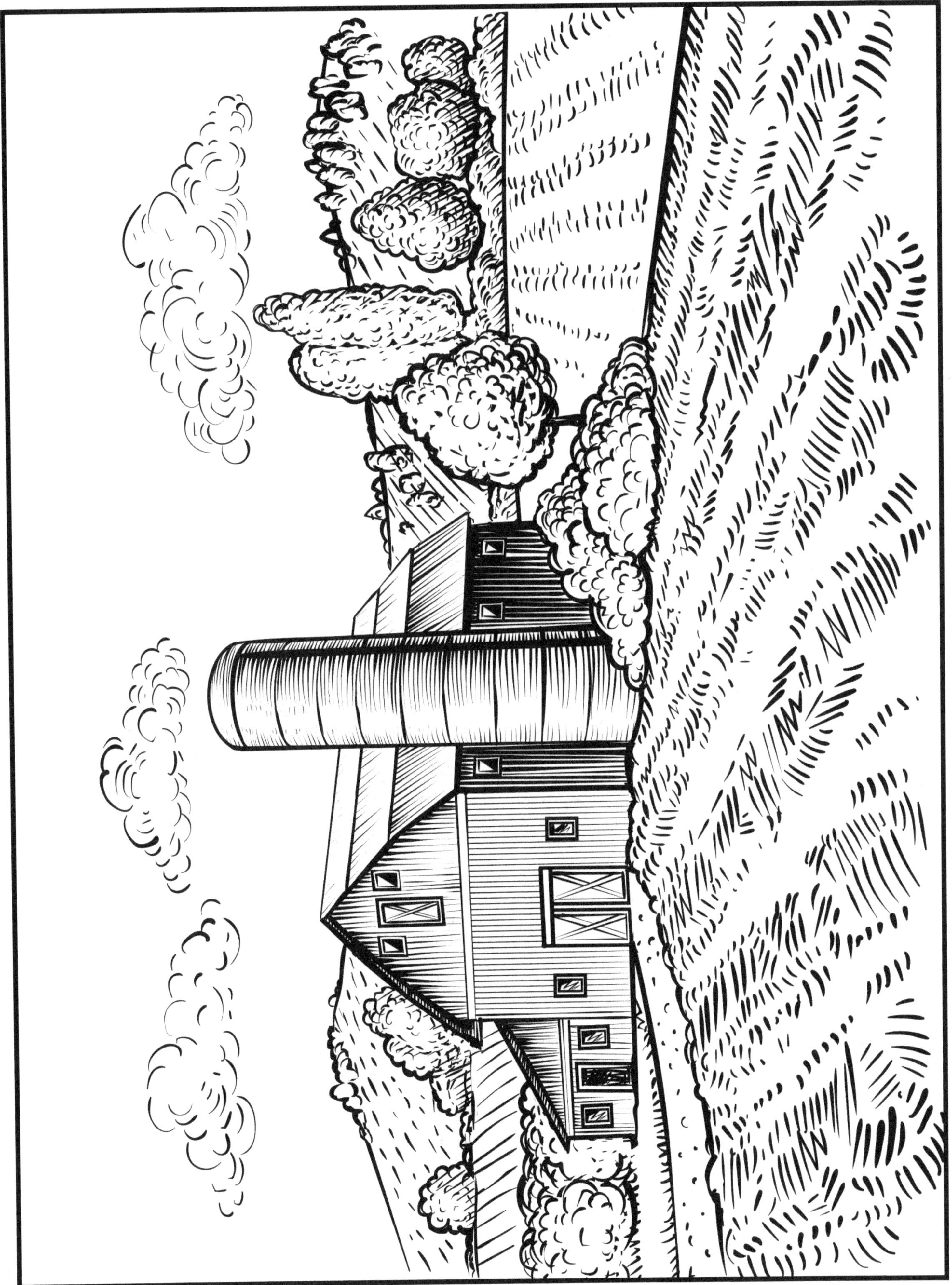

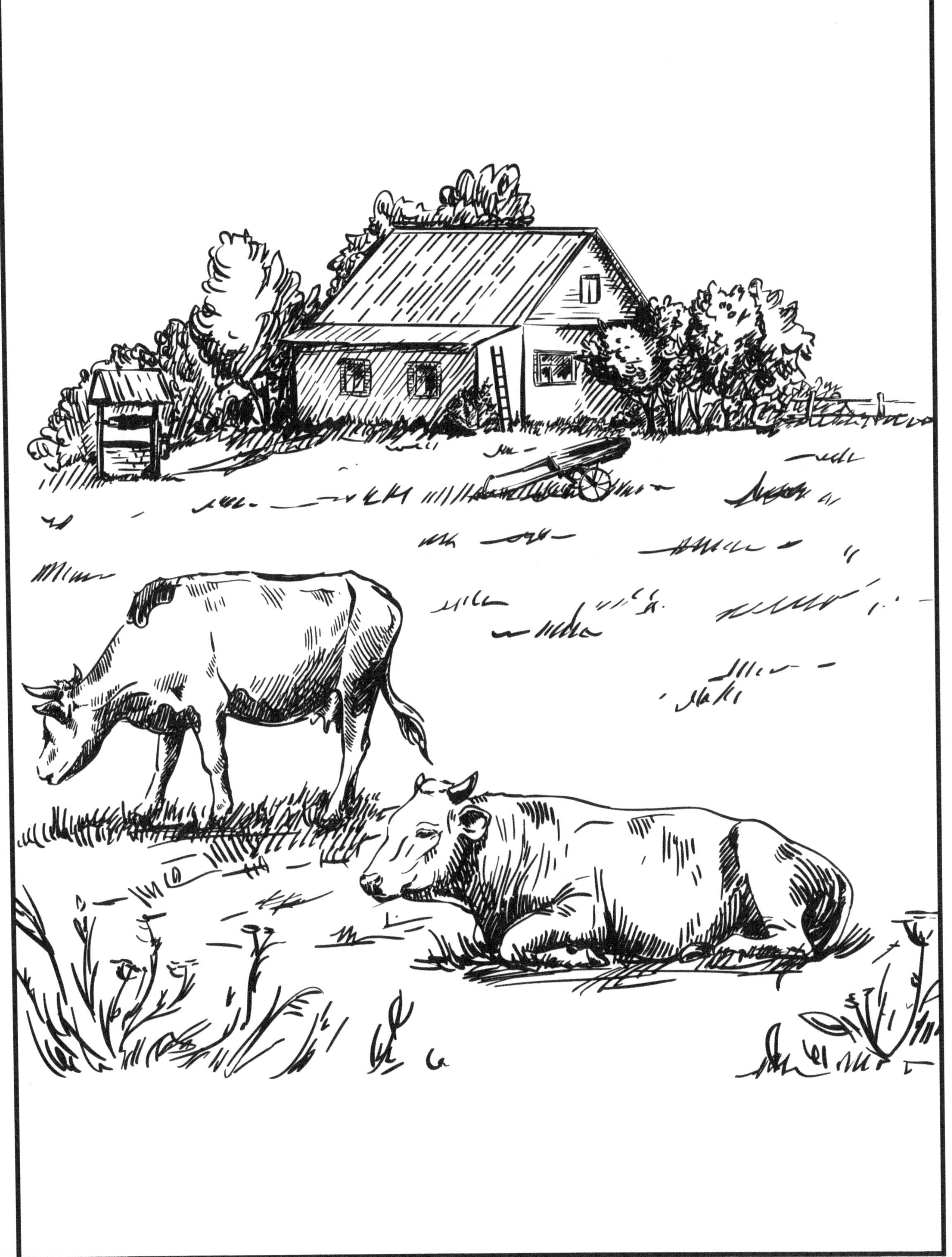

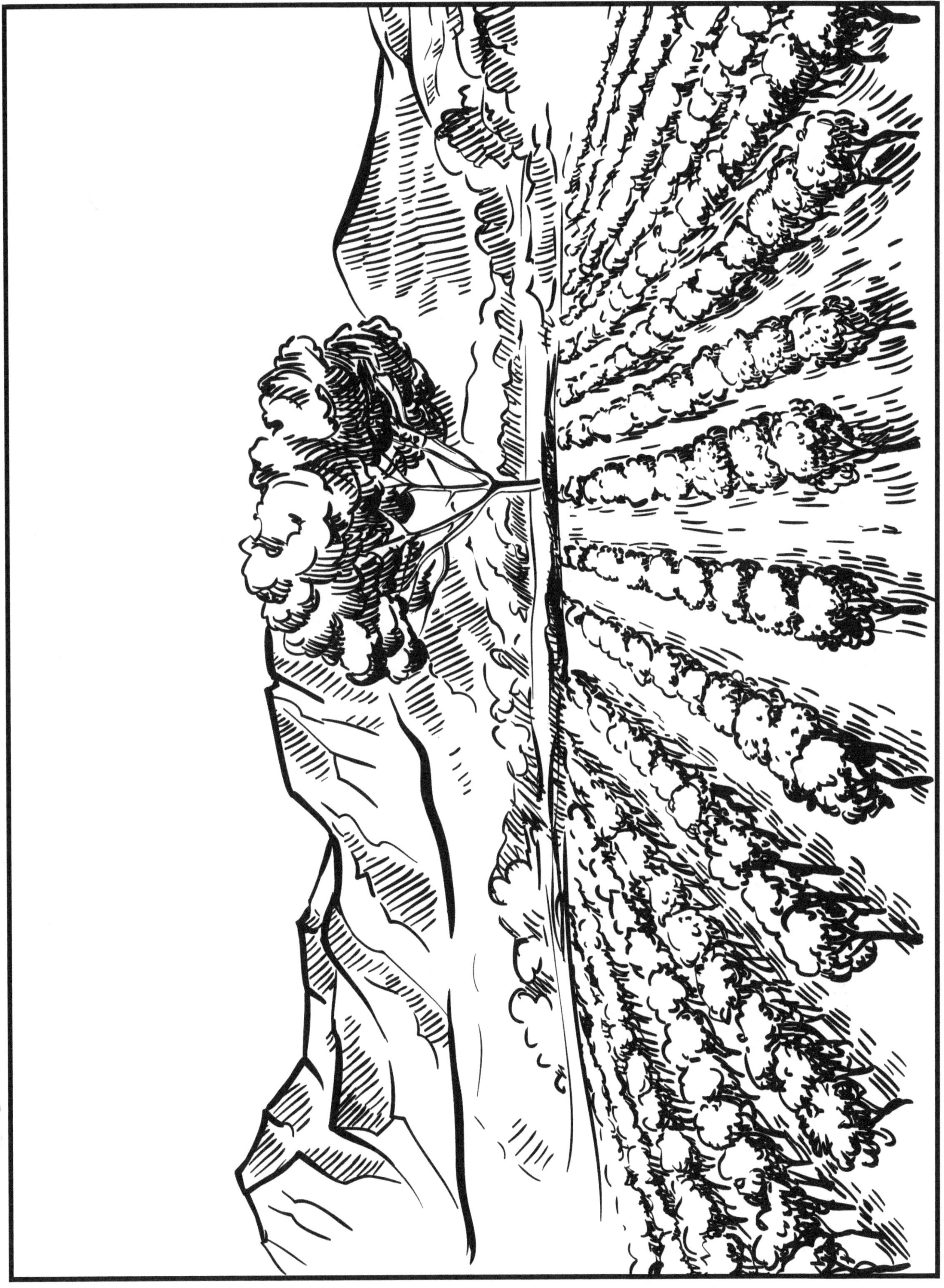

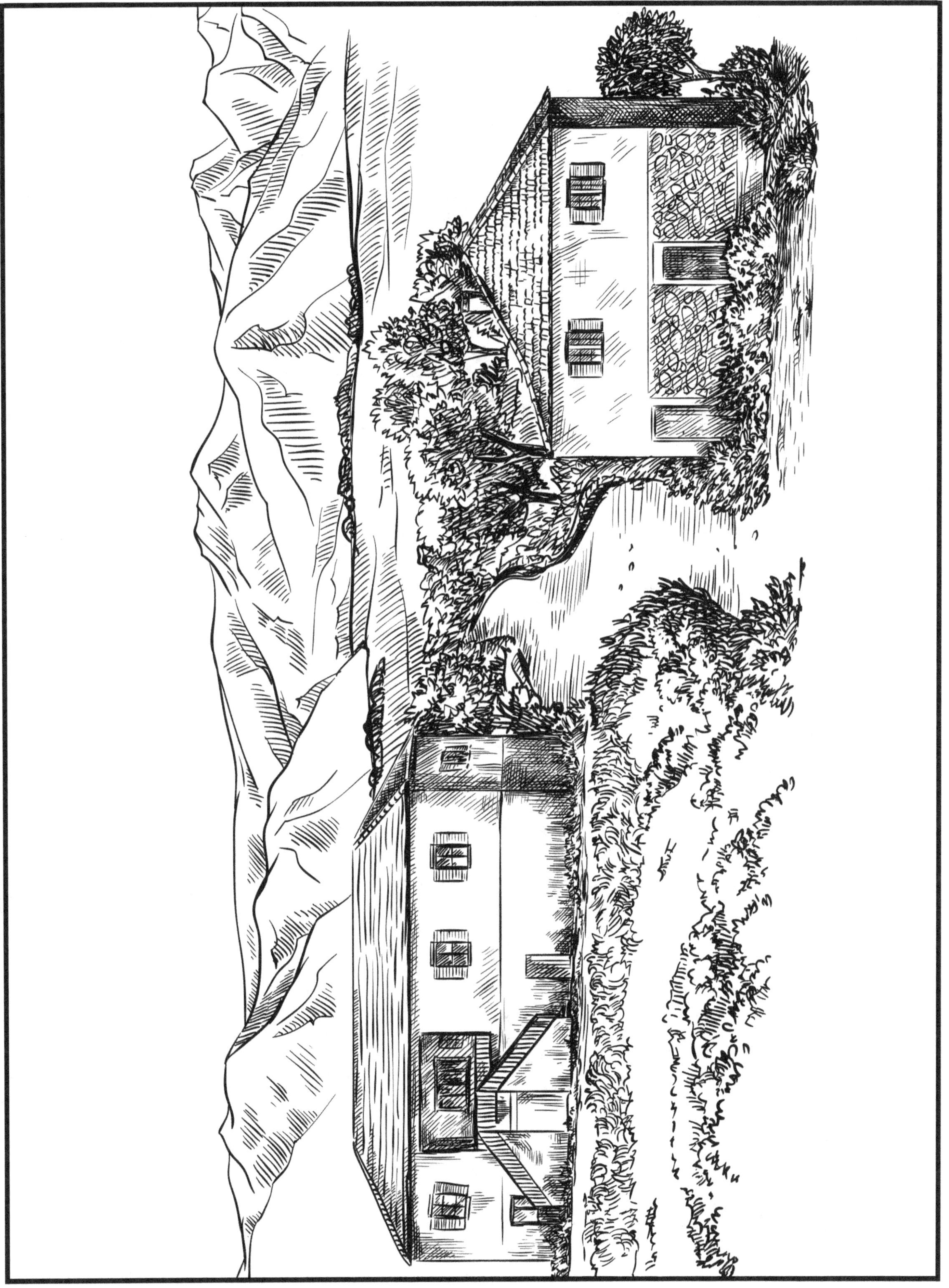

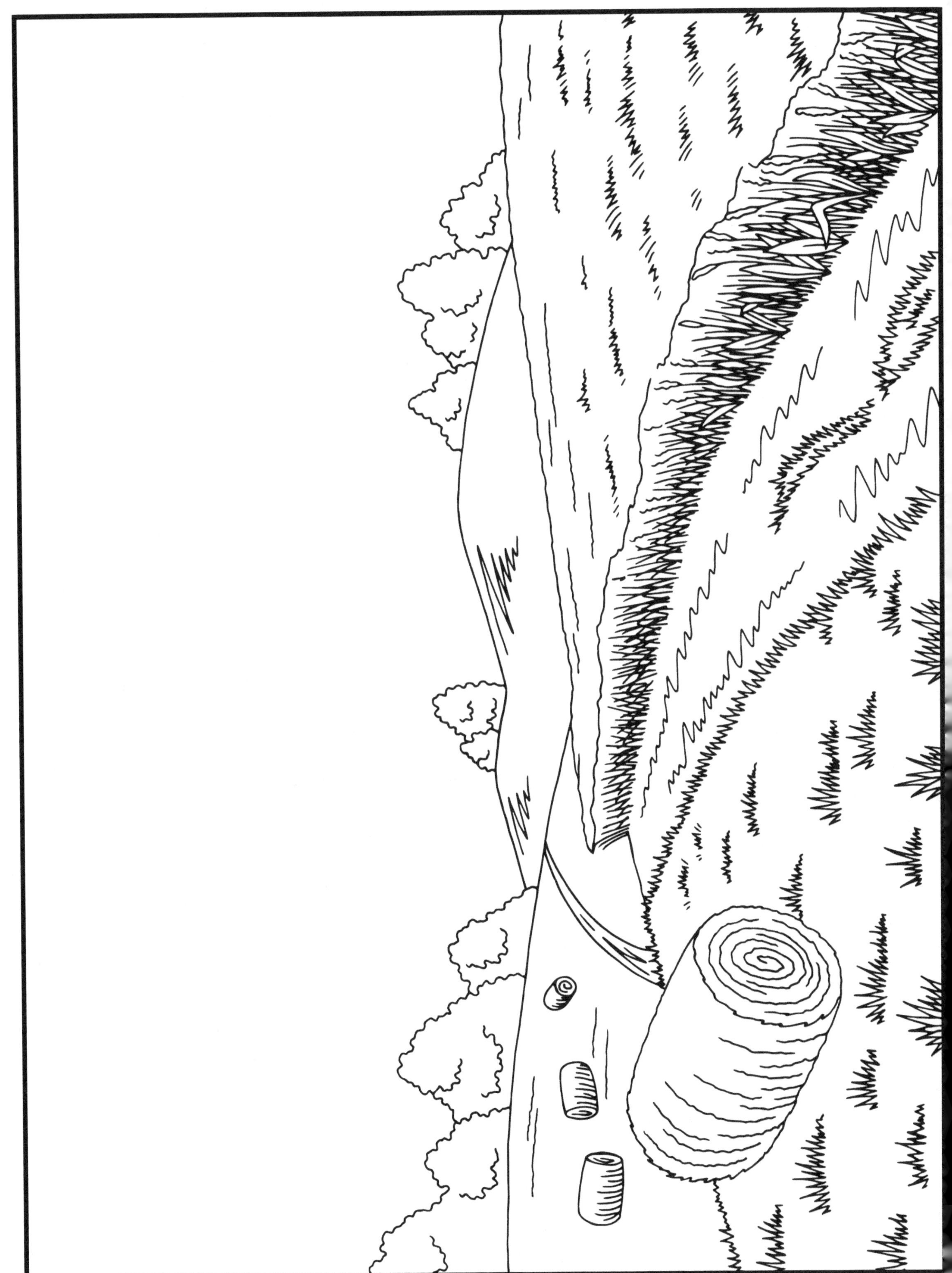

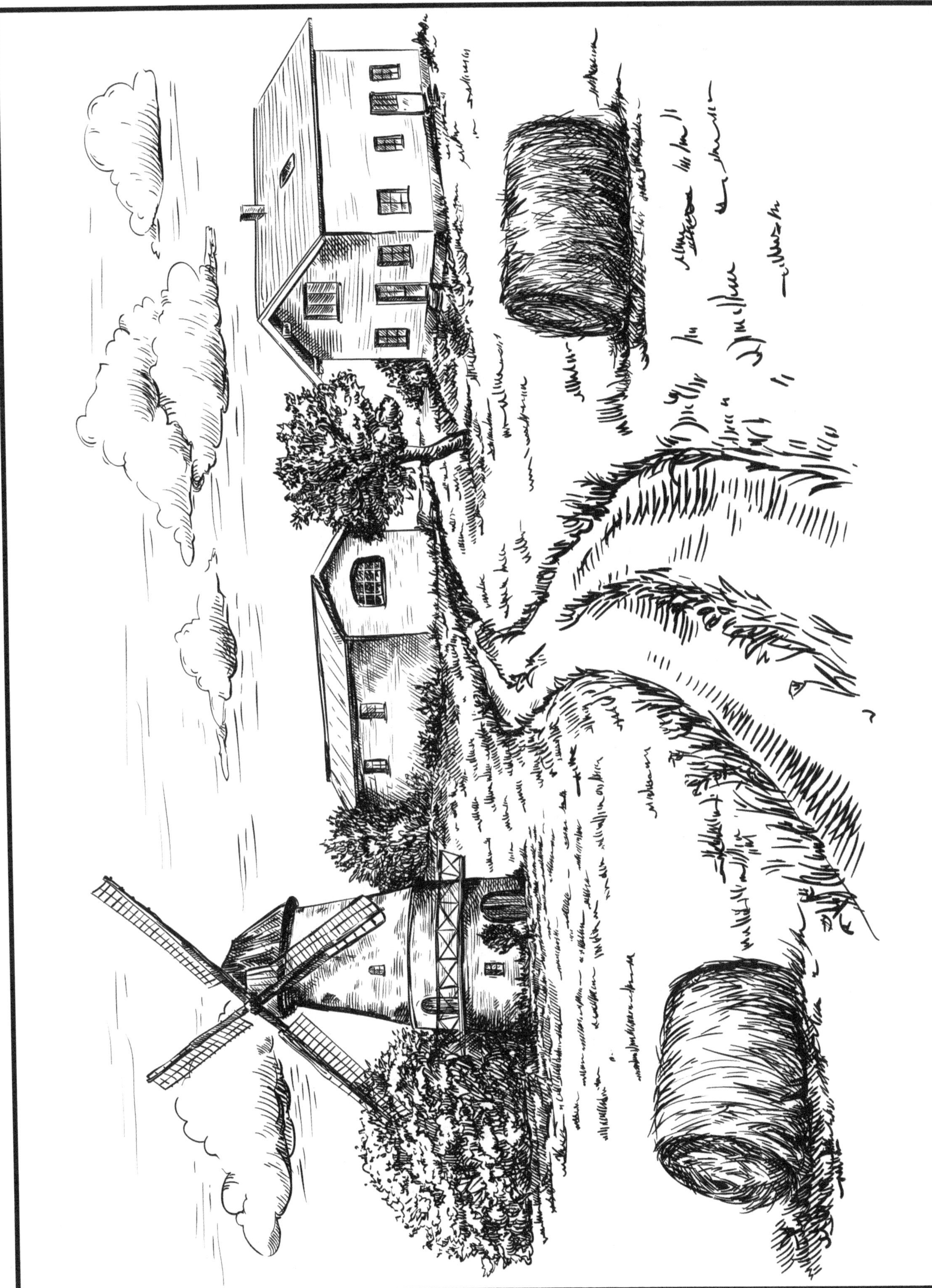

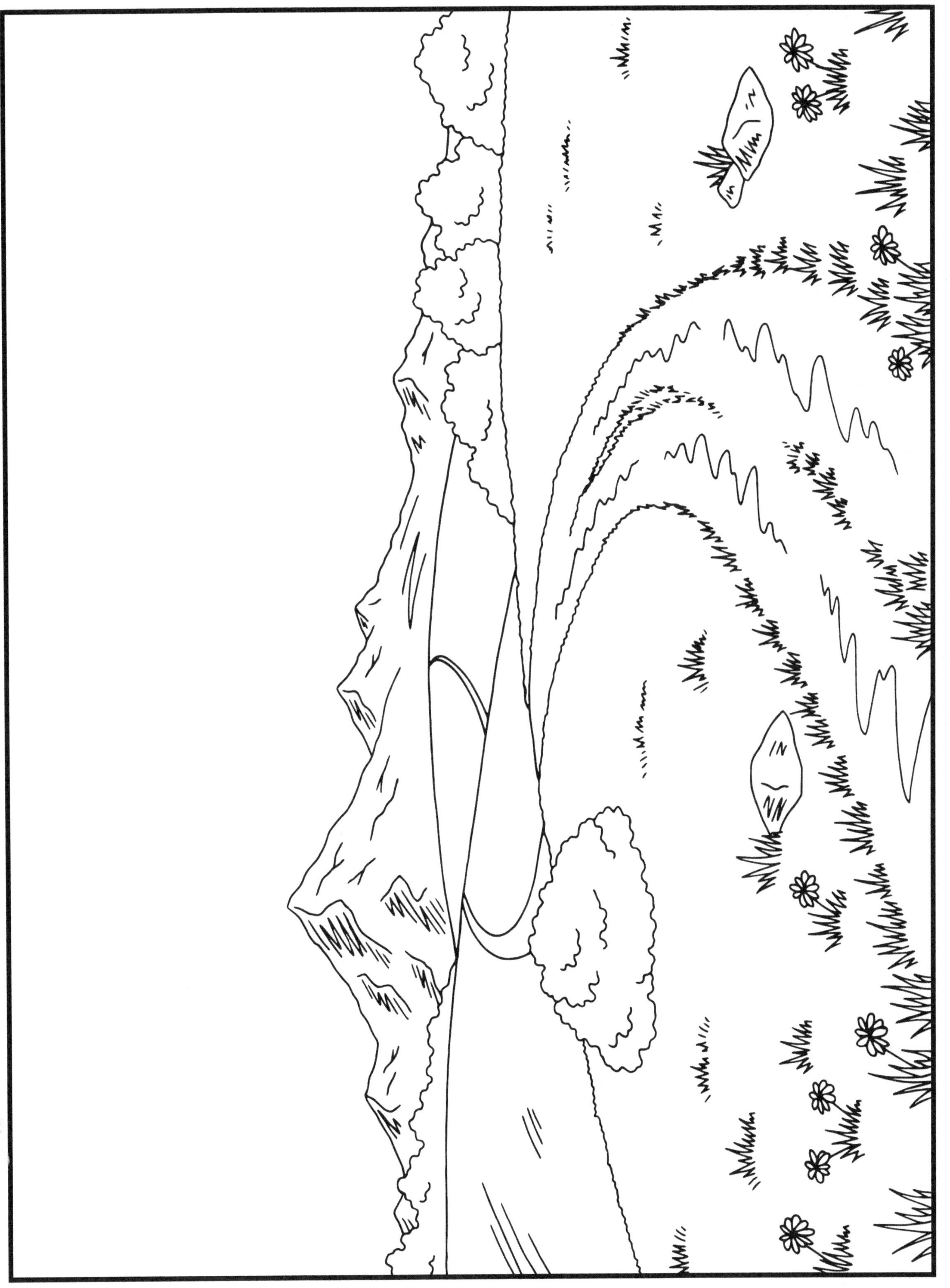

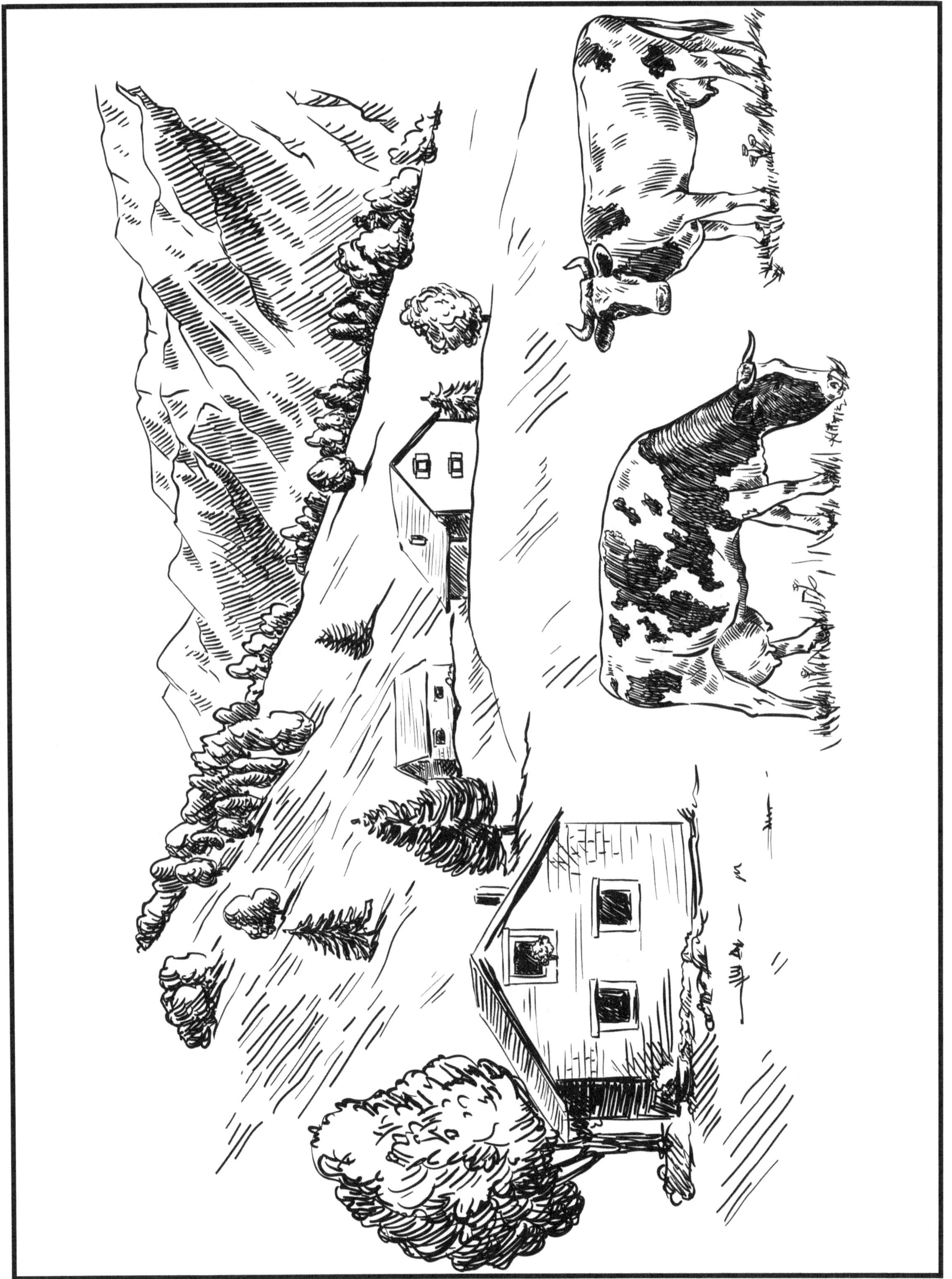

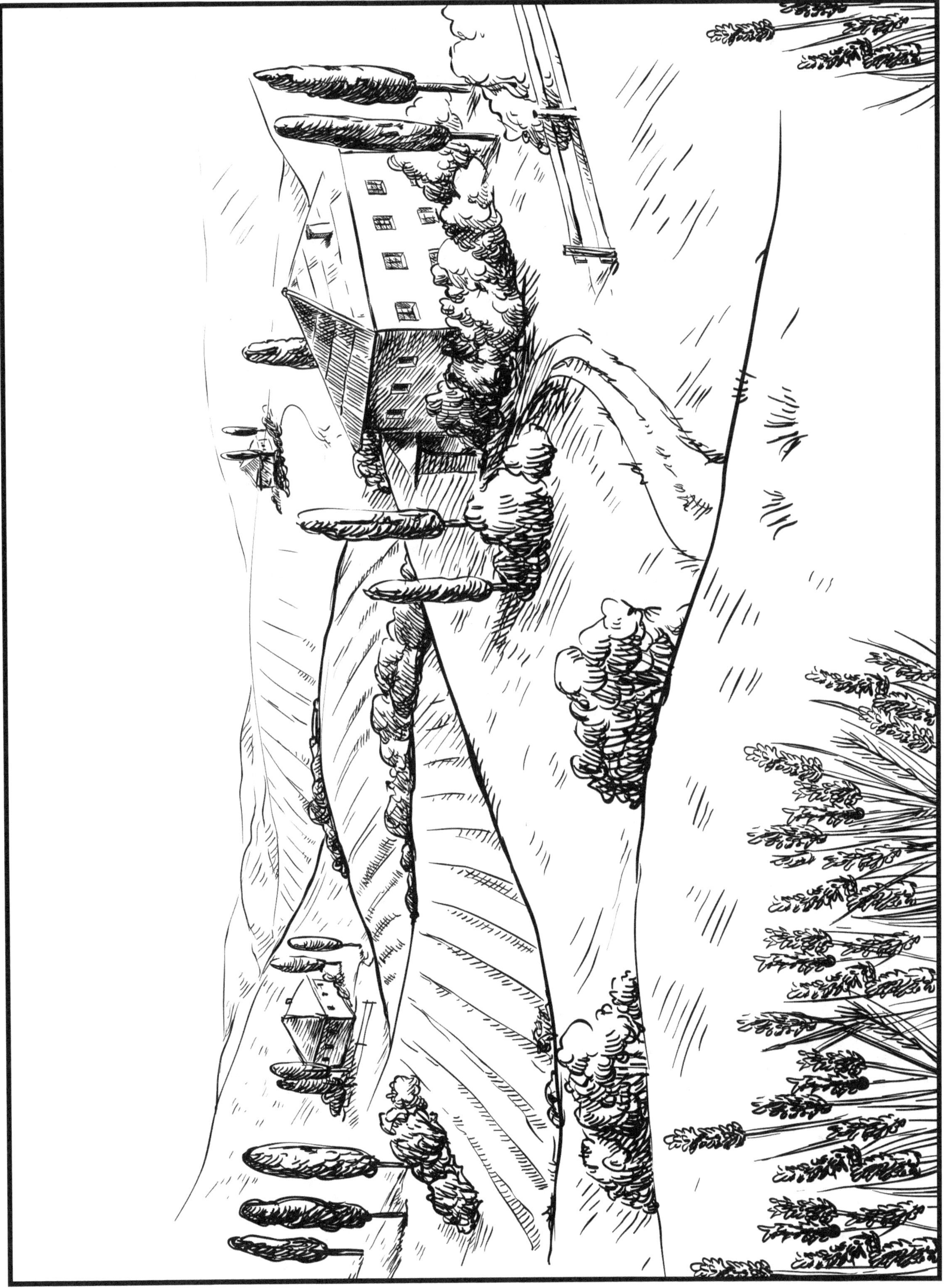

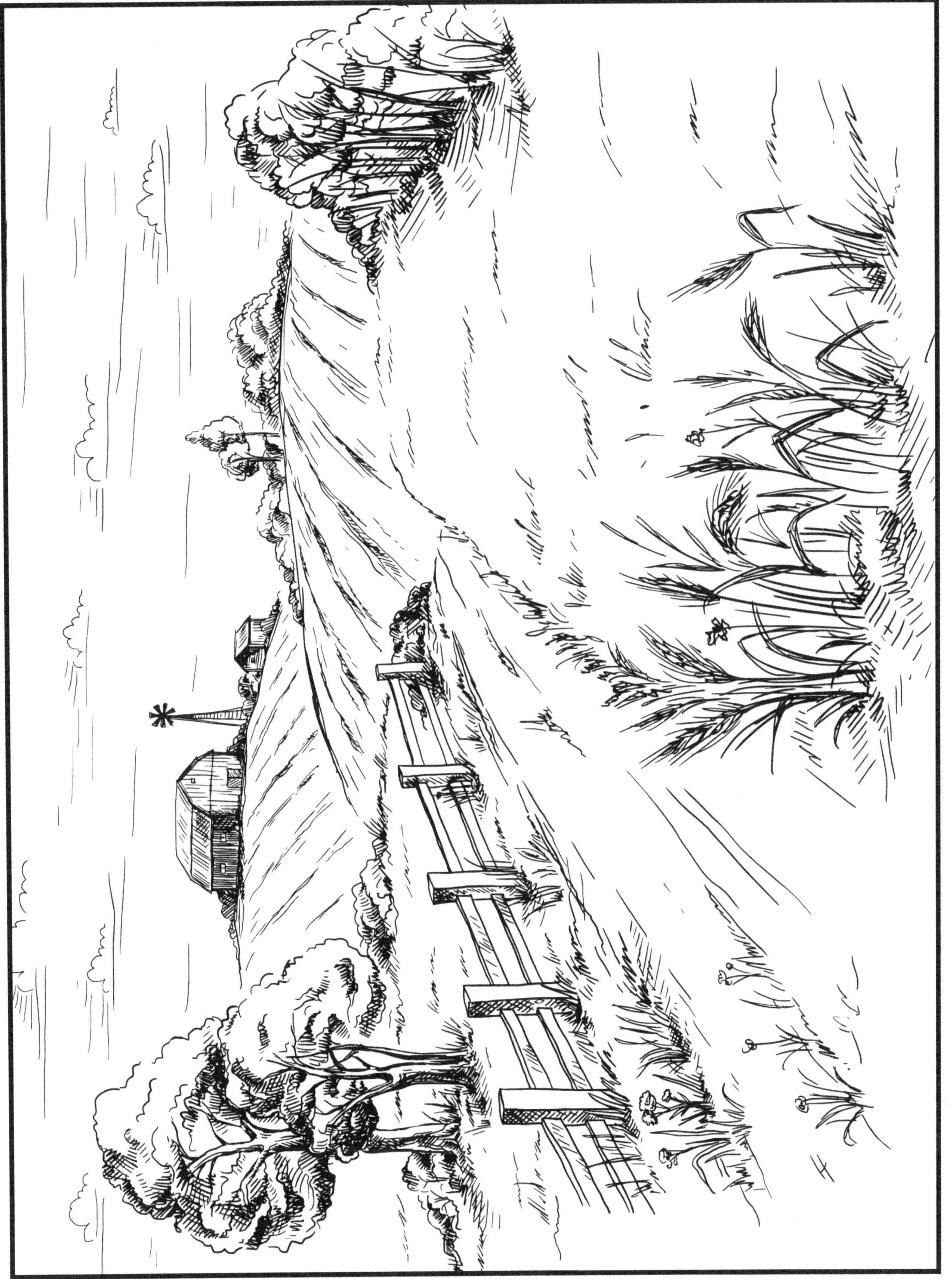

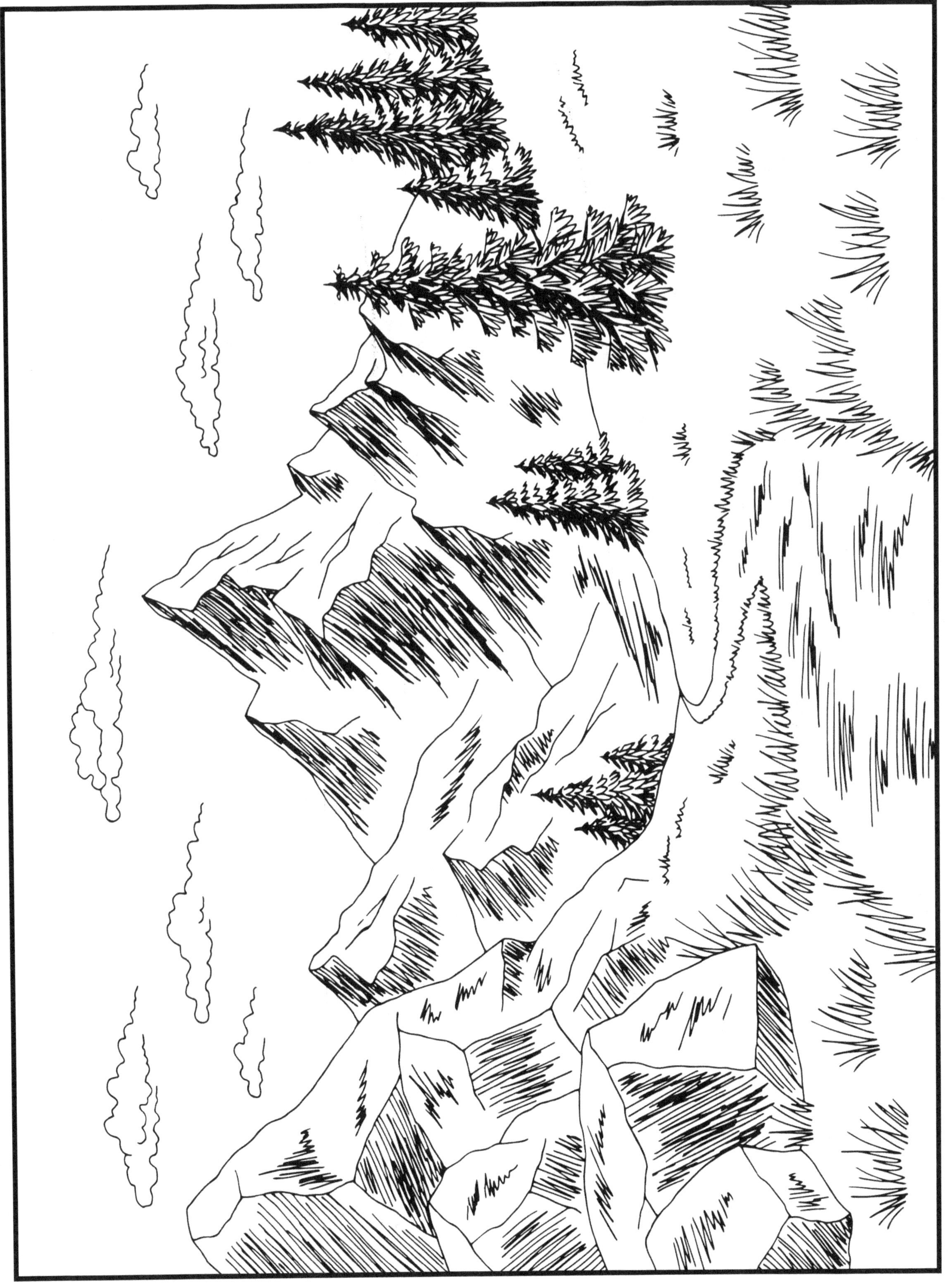